ISAAC ALBENIZ

GW00645382

SUITE ESPAÑOLA

OPUS 47

UNION MUSICAL EDICIONES S.L.

CALLE MARQUES DE LA ENSENADA, 4
28004, MADRID.

SUITE ESPAÑOLA
No. 1. GRANADA (Serenata)

Edición revisada y digitada por JUAN SALVAT

I. ALBENIZ.

No. 2. CATALUÑA (Corranda)

No. 3. SEVILLA (Sevillanas)

No. 4. CADIZ (Cancion)

No. 5. ASTURIAS (Leyenda)

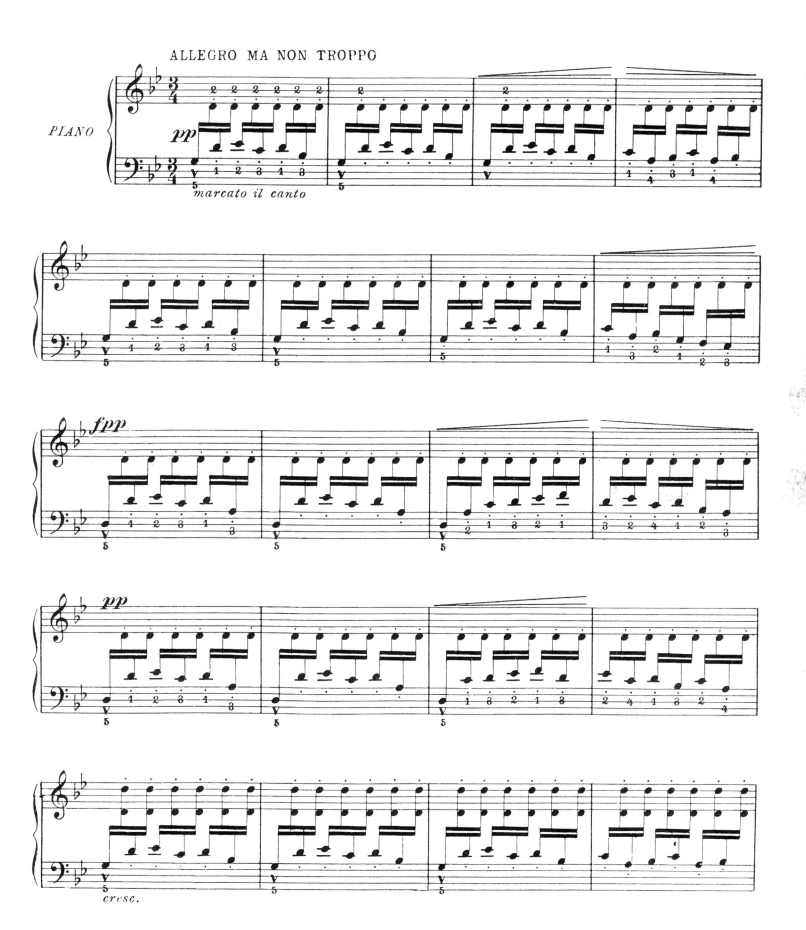

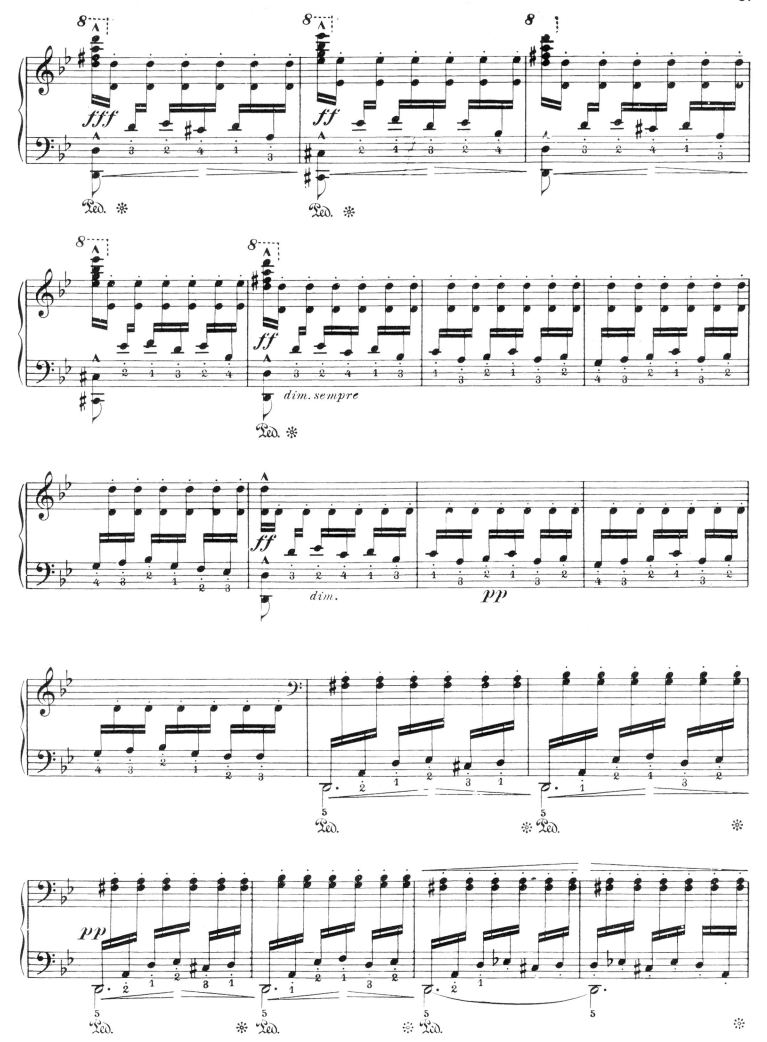

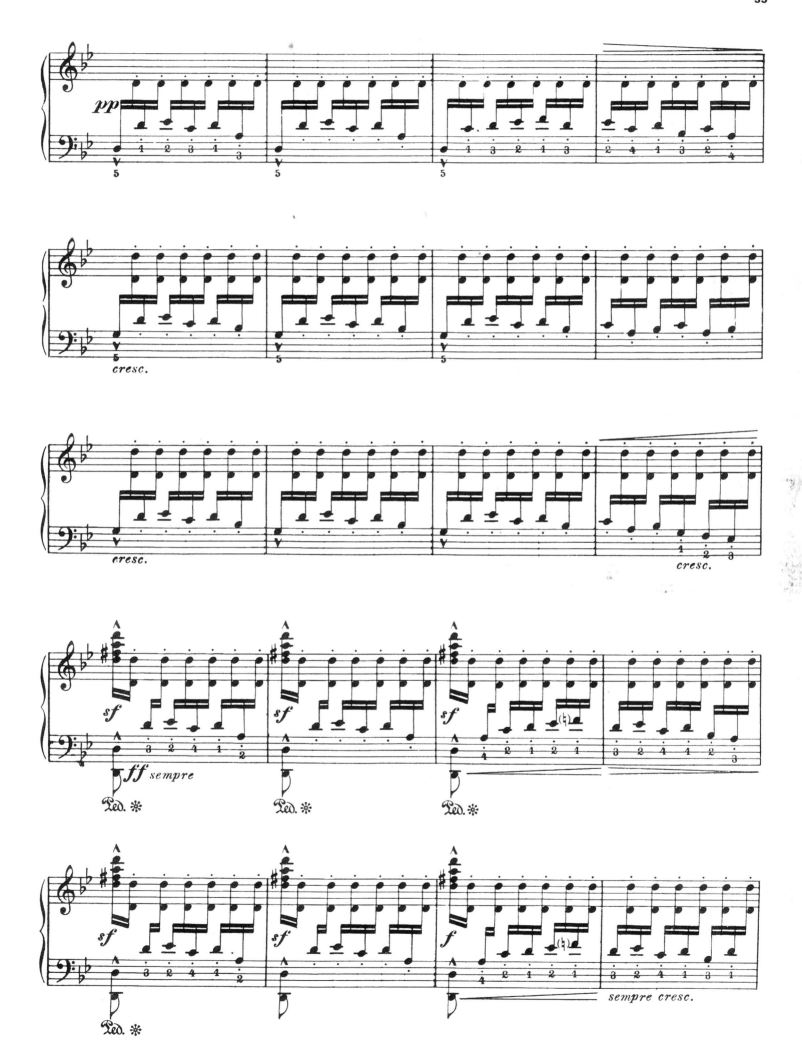

No. 6. ARAGON (Fantasia)

No. 7. CASTILLA (Seguidillas)

No. 8. CUBA (Capricho)

58